ALBERTO GENK

ALIENTOS DE SOMBRAS
EN LA SOPA

ExLibric

ANTEQUERA 2024

ALIENTOS DE SOMBRAS EN LA SOPA
© Alberto Genk
Idea de la portada: subconciente Alberto Genk
Ilustración de la portada: Estratosphera Designs
Maquetación: Alberto Genk
Corrección: Lydia Rodríguez Mata
Escrito en Londres en 2023
Más información: www.albertogenk.com

Iª edición

© ExLibric, 2024.

Editado por: ExLibric
c/ Cueva de Viera, 2, Local 3
Centro Negocios CADI
29200 Antequera (Málaga)
Teléfono: 952 70 60 04
Fax: 952 84 55 03
Correo electrónico: exlibric@exlibric.com
Internet: www.exlibric.com

ISBN: 978-84-10297-64-7
Depósito Legal: MA 2334-2024

Impresión: PODiPrint
Impreso en Andalucía – España

Nota de la editorial: ExLibric pertenece a Innovación y Cualificación S. L.

ALBERTO GENK

ALIENTOS DE SOMBRAS
EN LA SOPA

A ella,
quien calienta el lecho
los días de tormenta.

*Cada uno de nosotros
cargamos un mundo de recuerdos y amores vividos,
al que siempre regresamos en busca de refugio.*

Índice

ABSURDA INTRODUCCIÓN

I

En el rincón más recóndito de la imaginación, donde sueños y realidades entrecruzan espadas en un duelo silencioso y perpetuo, se alza majestuosamente el «Laberinto de los mil pensamientos». Este monumento, forjado de pensamientos abstractos que flotan en el aire, como motas de polvo atrapadas en un rayo de luz, y fragmentos de ensoñaciones que destellan al azar, igual que joyas esparcidas en un tapiz de terciopelo oscuro, se encuentra iluminado por estrellas no fugaces. Los corredores del laberinto, que en tiempos antiguos ostentaban un verdor vibrante, ahora muestran una pátina de amarillo árido, desgastados por el inclemente beso del sol. Entre sus muros, las emociones se manifiestan en colores y los pensamientos adquieren forma. Los secretos más oscuros se desvelan en las esquinas menos esperadas, y las alegrías más puras resplandecen con intensidad en los claros. Sin embargo, este laberinto no es un lugar inmóvil; se transforma, se adapta y evoluciona con cada pensamiento y sueño que lo visita.

Con valentía, los aventureros intrépidos se adentran en este lugar en busca de respuestas, inspiración o simplemente para perderse entre los ecos de los ensueños de la humanidad. Aquí, el tiempo y el espacio son conceptos volubles; un minuto puede sentirse como una eternidad y un kilómetro puede ser apenas un paso. No obstante, quienquiera que entre debe avanzar con precaución. No es raro que algunos visitantes queden atrapados en una ensoñación particularmente intensa o se pierdan en un recuerdo que pensaban haber olvidado. Es esencial que los viajeros recuerden siempre su propósito y mantengan la fe en su capacidad para encontrar la salida.

En las profundidades de nuestra fábula vive Zéfiro, un vagabundo cuyo espíritu delirante se alimenta del éter lírico que flota en el aire, semejante a hilos de pura plata. Su apariencia es inconfundiblemente única: luce una cabellera salvaje y anárquica repleta de promesas sin cumplir que el tiempo dejó atrás. Su rostro, marcado por la fatiga del viaje, con pómulos pronunciados y una barba que desciende cual cascada grisácea, se dirige con determinación al corazón del laberinto. Es guiado no por un mapa, sino por los caprichosos vientos de las musas que, a su paso, despiertan un torbellino de hojas en un perpetuo baile otoñal. Sus ropajes, desgastados y desvanecidos por los suspiros de los años, son el relato vivo de su vida errante.

Desde sus tiernos años de infancia, las historias de su padre llenaban sus noches: cuentos de un laberinto místico donde los deseos y sueños de los mortales se elevan como golondrinas al viento. Se decía que era sencillo perderse entre sus encrucijadas, y muchos habían perecido en su búsqueda por alcanzar el núcleo de este enigma. Allí, resguardada en el centro más íntimo del laberinto, yace una fuente de aguas doradas, de la que se cuenta que concede una sabiduría sin igual y una inspiración sin límites a quien beba de ella, infundiendo la chispa divina del ingenio. Zéfiro anhelaba profundamente el elixir de aquellas aguas. «¿Qué alma en búsqueda de la inspiración podría negarse a esta promesa de iluminación?», reflexionó mientras la urgencia de su persecución se intensificaba. «Debo hallar la fuente con presteza o pereceré en el intento, consumido por mi propia locura». La soledad se adhería a él como una segunda piel; ningún ser viviente se había cruzado en su camino desde hacía mucho tiempo. Con el transcurrir de las estaciones, que observaba en el cielo a través de claraboyas naturales formadas por entrelazados de raíces y ramas, Zéfiro sintió cómo los años se le escapaban al igual que granos de arena entre los dedos. El Sol y la Luna danzaban en un ciclo eterno sobre su cabeza, marcando un tiempo que parecía encogerse, como si cada año fuera despojado de días, y cada día, de horas. La soledad le pesaba cada vez más en sus escuálidos hombros.

II

Un día, mientras Zéfiro meditaba bajo un árbol de cristal, un enigmático reloj de arena gigante apareció frente a él. El polvo dorado que contenía la ampolleta fluía en sentido inverso, retando a la gravedad y al tiempo. Intrigado, extendió la mano y tocó el reloj, liberando un torrente de luces que lo envolvió en una espiral de destellos multicolores, arrastrándolo hacia un estrato más profundo del laberinto. Allí, se encontró inmerso en un paisaje metamórfico, donde las nubes eran poemas flotantes que formaban figuras en el cielo y los ríos fluían con sonetos recitados en lenguas angelicales.

Al adentrarse más en el laberinto, el mundo que lo rodeaba adquiría una vivacidad sin precedentes: los colores brillaban con tal intensidad que casi lo cegaban y una sensación de plenitud lo invadía, dándole un sentimiento de ser invulnerable a cualquier adversidad. Árboles esculpidos con versos barrocos se mecían al compás de la melodía del viento, liberando sus palabras al unísono, mientras que flores exóticas emergían con pétalos cargados de misteriosas rimas que saturaban el aire de aromas frescos. Los pájaros, con sus cantos, eran poetas alados que recitaban las nubes desde el amanecer con cantatas ininteligibles. A medida que Zéfiro avanzaba por el laberinto, cada paso suyo se convertía en un verso de un poema inacabado, y el paisaje se transformaba a su alrededor con cada línea que se escribía. Las estaciones cambiaban a su vera, entrelazando inviernos de versos helados con primaveras de metáforas en flor, mientras los atardeceres destilaban poesía dorada que se disolvía en noches estrelladas de rimas astrales.

En su travesía, y para su sorpresa, Zéfiro se encontró con personajes ilustres: la tetera Penélope, que declamaba en un idioma inentendible y siempre ofrecía un exquisito té verde; un elefante rosa llamado Modesto, de cuya trompa emanaban huracanes de gelatina; y un antiguo farol que yacía en el suelo, cansado de iluminar y recibir solo oscuridad a cambio.

Con la mirada llena de asombro ante la inusual congregación, Zéfiro se acercó cautelosamente. Penélope, con su superficie reluciente y sonido melodioso, fue la primera en notar su presencia.

—¿Chirri flirri, blum té? —pronunció Penélope en su dialecto enigmático.

—No entiendo tus palabras —respondió el vagabundo—, pero acepto con gusto tu té.

—¡Vroom, brrr! Bienvenido, viajero. ¿Has venido a degustar mi gelatina? —inquirió Modesto con interés.

Con un soplido suave, su trompa liberó una brisa de gelatina que se dispersó en el aire formando una nebulosa dulce. Zéfiro quedó maravillado al descubrir que de la trompa de un elefante rosa pudiera surgir una gelatina tan exquisita y aceptó con agrado el mucílago que su nuevo amigo le había ofrecido.

El farol, que hasta ese momento había permanecido en silencio, parpadeó suavemente; su luz se entremezcló con la gelatina y el vapor del té, creando un arcoíris fugaz.

—Luces y sombras, risas y silencios, todos son bienvenidos aquí —dijo el farol—. Pero dime, ¿qué buscas en este laberinto?

—Busco la chispa de la inspiración —respondió Zéfiro con convicción—, algo que dé sentido a mi andar. ¿Saben cómo llegar a la fuente en el corazón del laberinto?

—Flii chirri blum —murmuró Penélope, apuntando con su pico hacia el pecho de Zéfiro.

—Rummmm. La respuesta, joven viajero, podría estar en el viaje mismo, no solo en el destino —dijo Modesto con sabiduría—. A veces, los huracanes de gelatina son, simplemente, huracanes de gelatina.

—Y quizás lo que buscas está en la luz que ofreces, no solo en la que esperas recibir —añadió el farol, resplandeciendo con una luz más intensa.

Zéfiro reflexionó sobre las palabras de sus inesperados amigos, que resonaron en su mente. Se despidió y prosiguió con su búsqueda.

III

El errante viajero continuó su peregrinaje por los recovecos del laberinto y, cual poesía que respira, los versos dormidos de su alma despertaron, metamorfoseándose en un enjambre de luciérnagas que derramaban luz sobre su sendero. Adagios y enigmas se entrelazaban en una coreografía caótica, dirigida por el inefable director del subconsciente. En busca de una revelación, Zéfiro se entregó al abrazo de Morfeo, anhelando que, en su reposo, el sendero a la ansiada fuente se desvelara. Sin embargo, Hipnos no tejió sueños en la mente del vagabundo o, si lo hizo, eran como estrellas que se desvanecían al amanecer.

Al despertar, encontró la presencia de una mujer, durmiendo a su lado, cuya cabeza era una sandía jugosa y madura. Zéfiro se incorporó sobresaltado y sus ojos se abrieron desmesuradamente al contemplar la peculiar figura que tenía delante.

—¿Qué... quién eres tú? —balbuceó, con la voz cargada de confusión.

—¡Qué hermoso día para volar, pequeño pez! —exclamó la mujer con entusiasmo.

—No soy un pez, soy un hombre —replicó, intentando inyectar algo de lógica a la situación.

La mujer con cabeza de sandía lo examinó detenidamente antes de levantarse.

—Soy Melania. ¿Te gustaría saborear un poco de jugo fresco? —ofreció, con una sonrisa que parecía extenderse a través de la pulpa de la sandía.

Zéfiro, aún sumido en el asombro, contemplaba la inusual cabeza frutal, preguntándose si acaso ocultaba un rostro humano en su interior. Pero, antes de que pudiera formular una respuesta, la cabeza frutal de la mujer explotó, revelando una nube de palomas blancas que revolotearon en una coreografía aérea, llevándolo consigo. En medio de este aluvión de plumas, el hombre fue arrastrado hacia una pasarela desconocida del laberinto, un sendero que nunca antes había percibido en su extensa travesía.

IV

Luego de atravesar interminables corredores sumidos en la oscuridad, el viajero emergió del recién descubierto sendero, enfrentándose a un resplandor tan intenso que, por un momento, le robó la vista. Pese a ello, sus otros sentidos se agudizaron, y pudo percibir el delicado murmullo del agua chocando contra las piedras. Gradualmente, la visión ante él se aclaró, revelando un jardín edénico: una explosión de verdor y flores multicolores bañadas por una luz tenue que impregnaba el ambiente de una sensación de paz y armonía perfectas.

En el corazón del laberinto se erigía la fuente cuyas aguas doradas destilaban conocimiento en su esencia más pura: la poesía. Zéfiro, extasiado, se inclinó para beber y su corazón se inundó de una inspiración infinita. Allí, las palabras se desplegaban como alevillas al viento y las ideas se unían en un éxtasis lírico, dando vida a nuevos mundos y universos hasta entonces desconocidos dentro de su cabeza.

Incapaz de resistirse a la seducción de las aguas del conocimiento que emanaban de la fuente, bebió sin cesar, empapándose de saberes y visiones que trascendían la comprensión humana.

Pero ese torrente incesante de entendimiento pronto se convirtió en una marea avasalladora.

En su éxtasis de conocimiento, las visiones de Zéfiro se entrelazaron en una amalgama desconcertante de realidades: él y su amor perdido, reducidos a meros recolectores de chatarra en un desolado vertedero; un parque vibrante de vida que, rodeado de tumbas silenciosas, en un abrir y cerrar de ojos, quedaba despojado de toda presencia humana; un banquete en un castillo medieval, iluminado por la luz tenue de las velas, ocupado exclusivamente por seres de otros planetas.

La inspiración, que había buscado tan afanosamente a través de la poesía y el conocimiento, lo abandonó, dejándolo inerte junto a la fuente de la cual había bebido tanto.

V

Yacía allí, junto a la fuente, un testamento de carne y hueso de la búsqueda humana por un entendimiento demasiado grande para ser soportado. Su cuerpo se desvaneció lentamente, dejando atrás solo una quimera de polvo y palabras, un eco final que volaba por el laberinto, buscando a aquellos suficientemente valientes o imprudentes para seguir el camino que él había trazado.

ALIENTOS DE SOMBRAS EN LA SOPA

ALBA INTERIOR

El día, en su inocencia,
desdobla su manto de luz y vida.
El sol, alquimista,
transmuta la quietud en el oro del amanecer,
desparramando tonalidades sobre el vasto azul del cielo.

Los rayos del alba esbozan
sus sombras en la tela de la tierra,
mientras mi alma, como un náufrago,
se aferra a la promesa de un nuevo día.

¿Quién puede comprender las historias
que cuenta el rocío entre las hojas,
o el canto oculto del viento
que atraviesa las praderas esmeraldas?

El secreto zumbido de las abejas se torna melodía
en el concierto matutino de los zorzales.
Una mariposa, vivaz centella de colores,
sobre un rosal se posa,
efímera y delicada como un sueño ligero.

Las arañas, en su enfado discreto,
lamentan el persistente saqueo de sus telas,

paños frágiles de su abdomen,
por hadas caprichosas de temporadas, que las toman
para mecerse entre los brazos verdes de los árboles.

El día se ensancha y, con él, el clamor de la vida.
El sol, ahora un maestro,
instruye a las flores para que desplieguen su fragancia.
La danza de las hojas al viento susurra
sus cuentos a quien se detiene a escuchar.

Los peces, entre la calma del estanque,
nadan en las aguas serenos,
esquivando con grácil destreza las figuras incorpóreas
de damas blancas sumergidas que, entre sus labios,
sostienen los nenúfares en el espejo del empíreo
como su lecho acuático.

En esta tierra donde el suspiro del cielo
besa la frente de las colinas dormidas,
se despierta el mundo al dulce abrazo del sol
que se cuela entre los dedos de los árboles.

Bajo las caricias del campo despierto,
las sombras regresan a su letargo,
y el crepúsculo, con su corazón envidioso,
anhela abrazar la mañana.

Los ríos subterráneos en las entrañas de la tierra
ofrecen su canto al silencio,

bosques carmesíes y nubarrones
reposan sobre las montañas ondulantes.

Desentierro, con manos temblorosas,
bajo el sabor dulce del higo,
mi cofre de sentimientos, sembrado antaño
en el huerto secreto de mi abrigo.

Ahora, en este instante,
he presenciado la curvatura del día,
desplegándose con la gracia
de un lirio humilde.

El cielo se incendia con tonos escarlata,
el disco dorado se desvanece lentamente en el horizonte,
derramando destellos de oro y púrpura
sobre las copas de los árboles que se mecen con gallardía.

El ocaso ha desatado su encuentro con el sol,
y ante la solemne despedida de Helios,
profunda y amplia,
mi corazón se sumerge en un viaje de ensueño,
se agita dulcemente, resentido por ser penumbra
habiendo sido luz del día.

Las sombras se alargan en un abrazo melancólico,
envolviendo la tierra en una túnica de misterio y calma,
mientras las aves entonan su última serenata del día,
y la brisa susurra suavemente entre los campos y las flores.

Brillan como perlas plateadas
las hojas de los árboles junto al río.
Adiós, Sol, bien conozco tus intenciones,
pero no seré quien las revele
en este juego de máscaras donde disfrazas tu rostro.

En el misterio del néctar virginal,
la melodía oculta que todos desestiman
es lucero que emerge
del tapiz sombrío de la tarde.

«¡Métete en la piel de una roca,
—sugiere una voz a lo lejos—
cuando asome la noche!».
Una lluvia de estrellas se derrama
sobre el firmamento sin mácula,
mientras me amalgamo entre minerales
junto al río, con nostalgia y melancolía.

Como una roca,
desapercibida entre tantas,
huyendo de una sombra que siempre acecha.

El ojo de fuego se despide con un último guiño dorado,
prometiendo volver.
Adiós, Sol, no olvides que esperaré tu regreso
y tu luz.

En la vigilia de los ignorados,
la noche plácida se descubre

con una afonía profunda que inunda el aire.
Sin el ruido de la multitud,
la oscuridad se desborda en todos los rincones.

Descubro el sabor amargo del silencio, escuchando
el puro pulso de la noche, en su expansión,
cediendo sin resistencia al avance de lo que se alza,
de lo que se asoma ataviado de estrellas y sueños,
llevando conmigo mis cicatrices invisibles.

Los gigantes de acero, fatigados por el sol,
reposan sus vastos brazos alados
bajo el manto de la noche, dormitan en quietud,
con la certeza de que ningún lance los desgarrará.

Porque la luz tenue y calmante
ha abandonado tantos dominios,
tantas ilusiones desvanecidas,
tantos recovecos de la tierra
donde debería haber iluminado
hasta las más profundas raíces,
tantas sombras marcadas que se ocultaban.

Las estrellas parpadean a mi alrededor,
como mil miradas fijas que no parpadean,
guardianas de esta inmensa cortina oscura.

Estoy solo entre ruinas olvidadas.
¿Qué cae sobre mí, me ilumina y me retrata?
Me refleja con su locura

solitaria entre millones de estrellas,
desconocida en el amanecer
y sin forma persistente.

¿Es la Luna?

CARACOLES DE LUZ EN LA ARBOLEDA DE LA NOCHE

Debajo de la mantilla de una noche aún en brote,
te descubro, emergiendo como una amanita
entre la niebla.
Las flores, cómplices del céfiro, me arrullan y alertan
de las sombras del crepúsculo.

«Oh, Amapola, ya no hay luz. Duerme».

Y como un pez mudo e hidrópico,
surco los ríos de un silencio ensordecedor.
Mis movimientos, suaves y constantes,
son la única señal de vida en este caudal de quietud.

La penumbra profunda canta tu himno,
desbocado y magnánimo,
héroes y tiempos perdidos son tus fieles compañeros.

Acaricias caracolas de mar,
cotilleos que las olas cuentan,
te deslizas por los laberintos de los sueños
aún no despertados.

Dentro,
en el lugar más oculto de mi ser,
descansan los huesos de mil mariposas,
cuyas alas incoloras son
fragmentos de amores olvidados.

Un viento juvenil de brisas descarriadas
vaga sobre el espejo líquido del río,
donde te ves reflejada, dama plateada.

La noche, tu trono, se viste con tus joyas estrelladas,
como un manto real tejido con hilos de eterno brillo,
bajo el cual el mundo suspira y se entrega al descanso.

Aúllo, como un lobo en la orilla,
una desesperada melodía para seducirte.
Conviértete en mi faro, mi tormenta
y mi más amarga añoranza,
yo seré tu perro fiel y feroz,
que ladra desafiante a la tiranía inminente del sol.

«Oh, Amapola,
no permitas que pierda lo que estoy conquistando».

Se han desvanecido las huellas de lo que una vez fue,
desde que tú, como el nacer de la primavera,
coloreas cada rincón de mi mundo
con este resplandor inesperado.

«¿Hacia qué precipicio nos lanzamos?»,
me pregunta el viento,
camino bajo la bóveda estrellada, huyendo del amanecer.

Anhelo despertar,
florecer cuando no haya luz.

En el silencio que precede al alba,
se agitan sin forma, sin voz, las palabras que serán,
deseos aún dormidos en el útero del tiempo.

La mañana, con dedos temblorosos,
intenta desplegar su mantel,
y algunas flores delatan las primeras chispas del sol.

Imagínate todos los sueños que aún visten de semilla.
¿Es posible una noche sin luna?

Me vuelvo hacia mi corazón,
esa golondrina que no hace veranos,
que pronto emprenderá su viaje,
arrancado de su lecho de pulsos,
dejando un rastro de pasiones y suspiros en la arena.

Desciendo a las honduras de la razón y del alma
y observo su límite, donde se juntan sueño y piedra.
Pero, cuando me asomo al abismo de tus entrañas,
siento el vértigo del misterio, una sombra me envuelve:
es tan vasta, tan llena de una afonía sin nombre.

Pensaría en regresar a los brazos de antiguos demonios,
a esas dulces cadenas, si así lo quiere el destino,
si así se calman las tormentas
en este océano oscuro y abisal.

Allí, en la penumbra de las profundidades ocultas,
la luz de la luna se filtró, sutil,
entre los edredones de la noche.
Con su suave resplandor,
el gris de las rocas cobró vida,
desvelando contornos suaves,
el futuro grabado en la piedra.
La luna, con su caricia de luz,
disipó la oscuridad del abismo,
llenándolo de un tenue azul,
de un resplandor de serenidad.

Las estrellas se pudren y tú te desvaneces.
Yo te esperaré aquí, durmiendo,
bajo la quemadura del sol, intentando hallar
alguna pista de tu escondite, aguardando tu regreso.

La promesa de la noche se ha ido,
arrastrada por el viento.
Mis ojos despiertan para dormir,
buscando en la oscuridad lo que la luz no me puede revelar.

Ya la luz en el horizonte emerge, resplandeciente,
la madrugada estalla en una explosión de colores,

y el mundo, bañado en el primer fulgor del alba,
va deshaciendo las telarañas de los sueños.

El canto de un pájaro
rompe la quietud del amanecer
y los capullos despiertan,
anunciando un nuevo día.

Mi alma, afónica, te llama.

«Oh, Amapola, despierta, la oscuridad ya ha huido».

Y así, el eco de tu presencia se desvanece
como un cuchicheo olvidado en el aire.
Pero mi corazón, ciego ante el día,
aún busca tu rastro en la bruma de los sueños.

Los ríos del tiempo fluyen, indómitos y fieros,
arrastrando con ellos los vestigios de tus huellas.

«¿Dónde te ocultas, amada Luna?»,
pregunto aullando a la indiferencia del cielo.
Pero mi clamor solo encuentra eco en la inmensidad,
y mi deseo se pierde en la galerna, sin respuesta.

El sol sigue elevándose, y con él la vida se renueva.
Y mi cabeza, presa de las tinieblas,
anhela tu oscuridad, tu reflejo,
en la quietud de la noche aún por venir.

«Oh, Amapola, la noche es ya un recuerdo».

Las horas mueren, las sombras se alargan,
y el sol, fiel a su promesa, inicia su retirada.
La tarde exhala su aliento dorado en un crepitar final,
y yo, custodio del ocaso,
me arrodillo ante la reina nocturna que asciende.

Adiós, alquimista,
espero no ver de nuevo tu dorada corona elevarse,
tu imperio de luz, ardiente y vasto, ya no deseo encender.
Envía tu esplendor a otros cielos,
donde quieran tu abrazo,
no ilumines más mi camino,
déjame en paz disfrutar de la noche.

Una vez más, el manto de las estrellas se despliega,
y en la lejanía, una luz titila, tenue y plateada.
Es tu promesa, Luna amada, que vuelve a surgir,
y con ella, el medroso canto de la noche.

Camino, paso a paso, en busca de tu claridad
cuando, de repente,
una estrella desgarrada del cielo cae a mis pies.
Brillando con su último aliento de luz,
la acaricio con ternura
y la resguardo en el calor de mis manos.
Guardián de su luz moribunda,
continúo mi marcha hacia ti,
alumbrado por el destello de mi astro extinto.

«Oh, Amapola, despierta, ha vuelto la noche».

INVIERNO NUCLEAR

Enredado en el ovillo de mis pensamientos,
no me enteré cómo se estiraba la tarde,
en su mudo acecho.
Cuando me rodea, opresora,
hasta mi sombra huye de mí, asustada de sí,
y eres tú quien me encuentras, pintando mi piel de colores.

La eternidad que he esperado este momento
se ha transformado en mariposas de sueño
que revolotean en el jardín de la locura.

¿Cómo podría frenar el amanecer?
¿Hay acaso algún modo de apagar la lámpara del mundo,
para vivir en tu infinita noche sin que el alba me despierte?

La incertidumbre se cierne como la noche sobre el día,
y en el sosiego de mi retiro me hallo solo,
anhelando que la ternura de tu mirada
caiga sobre mí como un dulce amanecer.

La estrella que cargo de muerte ha vuelto y guía,
con su luz pequeña y temblorosa descubre el camino.

Promete que al alcanzar la cumbre
de la más alta montaña y enterrarla,
mis penas y quebrantos se perderán con el cierzo.

Guiado por su parpadeo, atravieso valles y crestas.
Abandonando la serenidad del campo ancho,
me transformo en girasol valiente,
desafiando al imperio solar.

La montaña, en su majestad y bravura,
se alza desafiante, como un coloso de tierra.
Mi estrella, antes que mi espíritu flaquee,
me anima y de nuevo el rumbo señala.

¿Cómo fijará sus ojos en mí?
Una sombra perdida entre tantas,
que duerme entre las sábanas de la soledad más fría,
mientras ella se acuesta con la humanidad entera.

Cansado, pero con el corazón palpitante,
unas arpías me observan y al vuelo me invitan.
«¿A dónde vamos?».
«No importa, ven y despliega tus alas junto a nosotras».

Busco barro entre la tierra, y de las sombras recojo
plumas de cuervos, argamasa y betún.
Sin arte ni gracia en mis manos, intento volar,
pero mi cuerpo, pesado de sueños y sombras,
no puede más que abrazar la tierra una vez más.

Mi estrella, severa, me susurra reproches al oído;
yo, trepando las rocas, los desoigo,
buscando en su desdén un calor fugaz.
¿Podré algún día volar?
Tal vez debí quedarme con ellas.

El sol, obstinado, niega su descenso
y me pregunto si mi luna querida esta noche aparecerá.
Debo apresurarme antes que el día decline
o en la creciente sombra el camino se desvanezca.

Siento un bisbiseo en el corazón que se expande y crece
como un volcán dormido en silencio,
amenazando despertar e incendiar el horizonte
con un estallido de mariposas de colores
en la calma de mi oscuridad.

Las riendas doradas que dominan mi mente desbocada
son como un rayo de luna que las sombras despeja,
un fino hilo de luz que une mis pensamientos dispersos,
como el sol que rompe las nubes y en lo alto se corona.

¿Qué seré en la ausencia de tu luz si decidiera apagarla?
El sol brilla con tanta fuerza…,
pero más furiosa es la luz de la tempestad.
Me agarro a mi vida, a mi lucero me acerco,
parece que llegamos al final
aunque la niebla nos ciega
y no deja ver la cúspide de nuestros sueños.

Tú, sumida en el sueño, encuentras un refugio sereno,
mientras yo, en mi interior, me desgarro en silencio.
Tú hallas en tus sueños un oasis de calma,
y yo, lentamente, me deshilo, me desvanezco.

¡Sol, no me someterás, yo te eclipsaré!
No busco luz, sino alguna sombra en la que refugiarme,
debajo de cada herida que llevo.

¿Cuántas reinas perdieron su cabeza
solo por osar desafiar tu dictadura de claridad?

Alcanzamos la cúspide y aquí mi estrella se apaga,
exhausta de ser la luz que la noche más ansía.
Su llanto apaga el infierno que en la oscuridad arde,
y se pregunta si abrirás la jaula de este pájaro
que por la penumbra muere.

Soy su guardián, hundo su espacio en la tierra,
en el seno de Gaia. Su lecho final con devoción labro.
La guardo, brillante aún en este mundo,
y en la ternura de la tierra, en su regazo oscuro,
queda envuelta.

Nada se mueve, semejante a un cuarenta de enero,
donde la piel de mi esperanza se hiela,
y mis oídos se llenan del sonar de castañuelas imaginarias.
Mi cuerpo, ante la inmensidad del frío, se maravilla,
y en mi desafío, en mi rebeldía,
encuentro el blando bálsamo de mi consuelo.

Y de pronto,
desde el abismo de la tierra nació un estruendo,
como un latido que, en explosión,
liberó un torrente de estrellas,
eclipsando el Sol y derrocando su imperio de luz.

La noche se acomodó, soberana,
mientras los luceros tapizaban
sobre el cielo una alfombra luminosa,
un camino de destellos,
dibujando la ruta que te conduce hacia mí.

Bajo el almendro de estrellas te espero,
donde la luz de nácar tiñe el momento,
mientras mis palabras tiemblan, mudas y ahogadas,
cuando tú acortas el espacio que nos separa.

Mi lengua sabia reúne,
como en un rosario de luceros,
las palabras inadecuadas, y así descubro lo que sucede.
Desplegando ante ti mi pecho abierto,
pongo mi corazón sobre la tierra
para revelarte lo que realmente siento.

Y tú, firme y segura, con tu sonrisa de cuarto creciente,
tomas mi mano, elevándome caricia tras caricia,
beso a beso. Mis pies dejan el suelo, sobrepasan la cumbre,
y mi mundo queda atrás, en la sombra de nuestro ascenso.

Ahora soy un lunático.

PIEDRAS EN LOS ZAPATOS

Al igual que un árbol nacido en una pompa,
cruzamos el océano de nubes suspendido,
con el pecho azotado por cien huracanes,
y al coronar su cima,
pude volar a tu lado,
impregnado de tu luz y tu hechizo.

En un mar de algodón,
ante tal gala de maravillas,
me vi en el paraíso.
Mis ojos se negaron a buscar otro horizonte.

Entre árboles frondosos,
cuyas raíces beben de las mismísimas nubes,
ofrecen frutos luminosos como destellos de luminarias.
Y ríos de cristalina espuma fluyen
con el aplomo de las pinturas del subconsciente,
en sus aguas, el reflejo del Edén, reflejo del tiempo
que se disuelve en la cuna pacífica de la eternidad.

Al observar tus manchas,
imaginé a Caín que aún marcaba tu piel,
exiliado, cargando un fardo de espinas,

ahondando más heridas,
rehusando su caída hacia el terruño.

Y como si de un ofidio se tratara,
inyectaste tu veneno en mí,
infiltrando todo tu amor entre mis venas.
Empezando a ver mi mundo desdibujarse,
todo se tornó en una neblina,
salvo por una estrecha grieta de realidad,
un resquicio únicamente habitado por ti.

Sometido a esa luz tenue, mi mundo, antes trepidante,
se sumió en un sueño donde solo tu cuerpo era tangible,
un sueño del que no deseaba despertar,
aun sabiendo que era el veneno
el que me mantenía en esa dulce ilusión.

Si después de frenar la madrugada,
pudiéramos congelar el tiempo,
en este preciso instante hacer una pausa,
tu luz, libre y salvaje,
oscilando como el trigo bajo el viento,
me aseguraría vivir tu eternidad,
elevándome más allá de la caducidad de mis días.

Y en medio de este inmenso amor, me invitas a tu reino,
llevando mi peso a una barca,
navegando por nubes que nunca se han surcado.
Apolo nos favorece con su aliento,

las musas delinean nuestro sendero,
y tú, firme faro de la noche, iluminas nuestro camino.

En nuestro viaje, nace una ballena,
majestuosa criatura, creada de perlas y musgo,
y levemente, una nave de escamas,
de cuyo espiráculo brotan flores y vuela,
rozando con su cuerpo todas las estrellas,
nadando entre las nubes
y bajo el primer destello de tu resplandor,
se deshace en un estallido de luces.

Como las nubes,
se recuesta entre los brazos de las montañas desnudas
y en el filo azul del cielo se detiene, cristalizada,
endurecida por el aliento gélido,
para después fundirse lentamente, infiltrándose
en la tierra eternamente sedienta de luz,
así como el fuego que en secreto consume nuestra vela.

Y el hielo que antaño aprisionaba mi pecho,
convertido ahora en vapor líquido
y en termómetro de alma,
se desbordó por mis labios y ojos,
liberándome en un río de agua clara y alivio.

Hacia la libertad de este desahogo,
tus dominios se hicieron visibles entre las nubes,
un castillo construido de sueños, brillando en algodón,

iluminado por el fulgor de estrellas cada vez
más intensas, más hermosas.
Abajo,
extendiéndose en la distancia
como un ejército de hormigas,
vemos las casas iluminadas,
formando un cielo en la tierra
tan estrellado como el que nos cubre.

Junto a ti, mi vida, nos acercamos al imponente portón.
Nuestro paso es escoltado por medusas y linternillas,
además de farolillos que nos señalan el umbral.

Con un centenar de torres, unas sobre otras erguidas,
me condujiste a la más elevada y allí me ataste, cual preso,
con cadenas no de hierro, sino de caricias y promesas.
Convirtiéndome en marioneta feliz entre tus dedos,
y con cada beso tuyo,
las bestias salvajes de mi interior se rendían,
domadas por el cariño de tu amor.

Me regalaste alas, tejidas de plumas y cera,
con las cuales me enseñaste a surcar los cielos,
confinado en los límites de mi celda,
rodeados de seres que en la oscuridad me cobijaban,
como arañas y ratones, sapos y serpientes,
grillos e inseguras cucarachas.

Desde lo alto de esa torre hechizada,
comprendí la verdad de mi cautiverio.

En los ensueños de esta noche, mi mente cansada
se halla saturada de celestiales melodías,
de trompetas y flautas,
de flores que se niegan a nacer en el infierno.

LUNA DE MIEL

Noche tras noche intenté elevar el mismo globo,
y tras fracasar, me volví de puro hielo.
Tu ambición es beber de mis versos, cargados de deseo,
o descansar en esos flujos que te rozan suavemente.
Estoy cansado de ser esta sombra encerrada,
oliendo tu perfume, suave y calmante como la manzanilla.

Cuando tu luz resplandece con toda su fuerza,
algo en lo más profundo de mi pecho se enciende,
tan indómito,
que las cadenas estallan y me lanzo
desde lo alto de la torre,
precipitándome en la oscuridad de la noche,
en tu búsqueda.

Las señales de mi locura, esperando tras estos muros,
se han borrado:
no quedan cicatrices en la piedra de mi encierro,
solo la memoria de mi soledad como compañía.

Ascendiendo, atravesando cada cielo en mi fuga,
vi a un caballo y a un oso bonachón
compartiendo el sonido del mar,

sentados cual pasajeros
en espera de un tren que nunca llega.
Tan juntos como separados.

Más allá, en el horizonte, te vi,
como la mar, bella y plácida,
como te muestras siempre.
Brillabas tanto que me cegaba tu luz embelesadora.
Me aproximé a ti,
gravitando a tu alrededor como un satélite
cautivo de tu atracción,
y yo, tan pirata como bandolero,
buscaba desenterrar y explorar cada rincón,
ansiando encontrar aquel hueco
que libere las mareas,
en la búsqueda de un sol artificial
que se sienta palpable y cercano.

A tu lado, juro ser tu caballero, el de la luna blanca,
el que te trate como la reina del cielo.
Pero al besar tu tierra,
mi lanza se alza e inflama, mi armadura se estremece,
y me preguntas qué será de nosotros ahora.

Encerremos al tiempo en nuestros puños,
¿y qué hacemos con las estrellas?
Serán cómplices de nuestro crimen, todas ellas.
Sumerjámonos en lo prohibido, saboreando cada instante.

Te he traído una flor,
recién despertada por el aliento de la primavera.
No me importa si es una rosa o una amapola,
nacida del sueño agrio o de una vieja escoba que,
con apenas un roce tuyo, se deshoja.

Lo que de verdad quiero encontrar
está atrapado en la luz de tus ojos.
Mis pensamientos, como tu noche oculta,
se esconden en las sombras,
esperando a que el mar se despierte.
Suelto un suspiro…
viendo cómo nacen las olas.

Como el árbol que ya no anda a la deriva,
me arraigo a tu lado,
allí donde el mar da forma a lo que soñamos,
aunque sean sueños de espuma.

Y frente al ballet de las olas,
nado mar adentro.
Siento cómo mi sangre bucea por mis venas,
agitado como el mar embravecido.

Las estaciones dan vuelta a su hoja,
el gélido invierno se pliega ante el despertar primaveral.
Donde antes había tempestades de pensamientos sombríos,
llegan ahora como olas que rompen en la costa,
insistentes, una y otra vez, sin cesar.

Entre tantos eclipses de galope,
la miel caliente de tu vientre
y tus crines que sostiene fuerte mi mano,
acaricio tu arco y toco tus cuerdas
mientras disuenas como un violín desafinado.

La marea sube con cada cráter que mis dedos acarician,
las noches vacías sin sueños son como hojas que caen,
pero yo me alimento de tu flujo,
así como un río desemboca en el océano.

Y cuando el sol se atreva a resplandecer en el cielo,
si tú estás allí, todo tendrá sentido.

DISOLVER Y COAGULAR

Se deshace el ayer entre el algodón de nubes,
mientras un pañuelo de hormigón cubre mi rostro.
En este vasto mar de confusión, es fácil naufragar,
olvidar la esencia de las cosas, el corazón,
incluso sentir se vuelve difuso.

Mi amor, ¿dónde estás? Vuelve desde tu escondite,
no dejes que mi sueño, ardiente y combativo,
se pierda en la hoguera de mi amor lastimero,
que sin ti cada latido se quiebra y desploma.

No dejes que la sombra devore mis días,
ni que el viento lleve lejos la ceniza de nuestra historia.
Vuelve, antes que las estrellas
olviden cómo iluminar nuestra senda.
Mi amor…, sin ti, cada día es un vasto y cruel ocaso.

Mi cabeza carga un universo de dolor,
en mi mente hay un huracán encadenado,
y el mañana, ajeno y lleno de ritos desconocidos,
me aterra como la tierra bajo mis pies
que ya no reconozco.

Cuando la realidad desvela su rostro
y en los sueños la vida parece florecer,
eres tú mi caída más profunda, mi abismo sin fondo,
mi infancia recuperada, mi cielo, mi deseo, mi todo.

Mi océano, mi esencia, renace en ti,
tus dedos revolucionan mi mundo con dulzura,
tus besos me elevan al cielo, y en la pasión,
toda resistencia me abandona.

En el brocal del pozo se susurran promesas,
bajo la mirada clara del agua que reflejan estrellas,
horas que se entrelazan.
Volverás, y seremos refugio y abrigo.

En mi jaula de frías barreras,
tu ternura es la verduga que con llave oculta me libera.
Bajas a mi abismo, paso a paso,
y la luz de tus ojos disipa mi oscuridad,
iluminando mi noche entera.

A ras de un cielo de ciruela te busco,
en el ensueño más profundo y turbio me encuentro,
en el rincón de tus sueños hecho de sombras,
envuelto en la pesadilla de un desamparo eterno.

Desde tu huida, el firmamento oscurece,
las estrellas vagan sin rumbo.
Tú te habías ido
y yo seguía respirando, contra toda esperanza.

Me inunda el olvido, en la indecisión deambulo,
corriendo sin destino,
buscando en el aire tus labios que en sueños aparecen,
atrapado en una ilusión que consume mi vida.

Y de pronto, sin darme cuenta,
las estrellas comenzaron a caer del cielo,
dibujando líneas de luz en la oscuridad, una tras otra,
abriéndose paso a través de los cumulonimbos.

La cortina negra de la noche empezó a desgarrarse,
como si el mismo cielo llorara,
derramando sus lágrimas de cristal que, al tocar la tierra,
se fracturaban en un millar de destellos.

Así, entre surcos y la leve brisa,
con el perfume de la tierra como corona,
volverás a este lugar donde el amor se atreve
a florecer en cada esquina, en cada loma.

Volverás cuando el alba pinte de oro
la cresta de los montes, el valle sosegado,
y en el aire, el canto puro y sonoro
del ruiseñor nos encuentre abrazados.

Volverás, y el sol en el cenit,
no más ardiente que nuestros corazones,
en el trigo maduro escribirá nuestro mito,
historias de amor, en canciones.

Volverás, y tu ausencia, como el frío invierno,
se derretirá ante el calor de nuestras manos.
Y en este huerto, bajo el cielo eterno,
sembraremos juntos futuros veranos.

SIN LUZ NI PORTADOR

Tropecé con un pico de aire
tan leve,
que mi corazón,
perdido entre nubes,
se vio forzado a regresar a mí,
a este cuerpo nómada,
sin notar
en la caída
que era el vacío mismo
quien me acunaba,
sin nada sólido
donde aferrar el pie,
ni raíz que sujetara
este peso efímero
en un suspiro donde,
hasta el aire
más sutil,
me desafía a encontrar
el suelo que nunca sostuvo
mis pasos inseguros.

Por primera vez
contemplé el cielo oscuro

desde su espalda.
Pero al descubrir mis pies,
suspendidos en el abismo,
y los recuerdos,
allí arriba,
comencé a caer.

¿Dónde está mi luna?

¡Atención!
Comienzo a caer,
a través de esta senda
de miedos y pensares,
no más rápido que el galope
de mis propios pensamientos,
que me sacuden,
me embisten con mentiras
y me sentencian
bajo un cielo
indiferente.

¿Alguien me ayuda?

Siento que sobro en todas partes,
en la vastedad del mundo,
sin un rincón,
sin un lecho de tierra
donde aterrizar mis huesos molidos,
donde ser acogido,

donde el amor pueda
germinar en el árido suelo
de mi nueva soledad.

Los fantasmas de ella
me rondan,
incansables.
El pasado se convierte
en una cadena pesada
que arrastro,
aferrada a la cuna de mi ser
a lo largo de mi corto viaje.

Ya no pesa mi sombra
sobre la tierra
ni las estaciones.
Me da igual si el frío muerde
o el calor abrasa,
si la luz decide regresar
o se perdió entre maitines.

¿Quién ha apagado la luz de mi mundo?
Las sombras que creía ciertas
se revelan en pesadillas
que me vuelven a atrapar
como antaño.

Vuelve, vida mía,
para sembrar juntos,
futuros veranos.

¡Atención!
Sigo desbocado
hacia el suelo,
renuente a enfrentar,
una y otra vez,
esos combates ya librados,
condenados al fracaso
desde su inicio.
Estoy tan cansado.

Mi cabeza
comienza su rebelión
traicionándome.
Me traiciona, sí,
reabriendo las heridas antiguas
que el tiempo había cerrado
con el frágil hilo de los días.

Desde que ella se ha ido,
tengo hambre sin apetito,
frío estando arropado,
tristeza sin lágrimas,
sueño sin sueños.

En esta caída,
la luna,
cómplice de antiguos amores,
se oculta tras un manto
de nubes traicioneras,

y las estrellas,
fundidas,
ya no me iluminan,
dejándome en la más profunda
oscuridad.

Mis plumas se desprendieron
una tras otra,
mis brazos quedaron desnudos
al viento,
descendiendo hacia el vacío,
hacia el oscuro pozo
del desamor.

La fiebre que antaño
brotaba desde la tierra,
ahora se enrosca
en mi columna
como hiedra envenenada.

Quisiera desgarrar mi pecho
y arrancarme este corazón
como quien arranca
una flor marchita
para devolverla al polvo
del que vino.

Confianza,
esa puta disfrazada,

convencido de que
el sol volvería a brillar,
pero aquí me encuentro
otra vez,
con el suelo
desaparecido
bajo mis pies,
y todo vuelve
a derrumbarse
otra vez,
abandonándome a mi suerte,
sin aliento.

Es un martilleo constante,
un dolor que no cesa,
un tormento que retumba,
que golpea mi mente,
resonando en la cavidad
de mi cráneo.

Necesito ayuda, vuelve,
vuelve para que el ruiseñor
nos encuentre abrazados.

Juro no caer de nuevo
en los cantos seductores
de sirenas,
ni en el abrazo efímero
de una luna ajena.

Seré una roca firme
ante las olas del engaño.

«¿Qué te pasa? ¿Qué te ocurre?».
«Quizás la luz que creía portar era más débil de lo que pensaba».
«No sabes estar solo».
«Sí que sé, pero los recuerdos me despedazan».
«Conozco cada rincón de tus recuerdos, esos que te desgarran.
No pienses en ellos, olvídalos».
«No puedo, afloran de mi corazón».
«¿Y para qué necesitas un corazón si solo trae sufrimiento?».
«Lo necesito para sentir, para ser».
«Para existir se necesita amor, y tú ya de eso no tienes. ¿Para qué
sirve un corazón si no es más para guardar buenos recuerdos?
Y es lo que te está matando por dentro».
«¿Y qué hago con él?».
«Arráncalo de tu pecho y lánzalo al vacío».

¡Atención!
Me dejo caer,
comencé a arrancarme la piel,
y a comérmela,
cacho a cacho
con extrema exquisitez.

Abrí mi pecho,
y las mariposas
que acostumbraban
a morar dentro,

ocultas en su oscuridad,
yacían muertas,
descoloridas.

Brotan de mi pecho
millones de litros
de sangre,
engendrando
una lluvia carmesí,
un aguacero que sale
desde el alma,
tan lacerante,
que su humedad
me envuelve
exclusivamente,
sumergiéndome en una marea
que es mía,
ahogándome en mi propio ser.

¿Dónde se ha perdido mi hada,
la que juró lealtad eterna?
Aquel ser de luz que prometió
acompañarme
hasta el fin de mis días.

Mis dedos,
temblorosos y audaces,
ya tocan las raíces de mi carne.
¿Qué hago con este torpe timonel?

Lo enterraré
bajo la tierra
de mis sueños marchitos,
lo reduciré a cenizas
en la hoguera de mis desvaríos,
lo ahogaré en el río oscuro
de mis lágrimas.

Arrancado
de entre los pulsos
que lo alimentan,
con un gesto
de despedida,
lo arrojo al vacío,
lejos,
donde mis sombras
no pueden alcanzarlo,
donde la tierra no toca
sus latidos.

Una bandada de carroñeros
se abalanza,
desgarrando y devorando
lo que una vez fui,
en un festín
de olvidos y recuerdos,
hasta que de mí
ya no queda nada,
solo el eco de un suspiro
perdido en el viento.

Ahora,
cabeza abajo,
la sangre brota caliente,
y dentro de este caos,
de este deseoso caos,
nacen las ideas más sublimes,
desbordantes.

Y sin darme cuenta, ya que el día está dormido,
y las bombillas están fundidas,
encuentro el suelo de golpe.
En la plaza de cualquier pueblo, me sostengo en pie.

Cuántas caras alegres me observan,
en la vastedad de mi soledad que me asedia,
robándome la razón.

La claridad se me escurre entre los dedos,
me encuentro perdido de nuevo,
bajo por callejones que me aprietan en su abrazo
hasta descubrir, al final del descenso,
un bar con olor a Escorial e iluminado por luces rojas.

EL JARDÍN DE LAS DAMAS DE NOCHE

Desorientado, sin mirar atrás,
me adentré en aquella decadente bodega.
El aroma penetrante a cráter
se mezclaba con el aire estancado,
como si el propio aliento de la tierra se hubiese detenido.

La luz, temerosa, se negaba a cruzar
en aquel lado de la madriguera.
Solo una frágil llama se atrevía a revelar
los secretos abrazados por la oscuridad.

La llama, temblorosa y solitaria.
Bajo su luz parpadeante,
la realidad comenzaba a mutar,
mostrando un mundo que,
en el silencio de la noche sin luna,
se revelaba en toda su cruda y misteriosa belleza.

Ya es tarde, muy tarde, y a nadie espero.
Entre pétalos caídos, avanzo solitario.
Con cada huella que dejo, los ecos se agigantan
como si alguien me llamara a lo lejos.

El aire se despertó
y, a lo lejos, una silueta comenzó a perfilarse, acercándose.
Una luna, demacrada, de dos caras,
una amarilla y la otra negra,
vestida de terciopelo, señorial,
extendía su invitación para que cruzase el umbral.

«¿Dónde abandonaste lo que latía en tu pecho?».
«Lo tiré y se lo han comido los buitres».
«¿Te hacen falta cuerdas para controlar tus impulsos?».
«Ni timón necesito».
«Eres bienvenido, pasa; aquí las sombras dan cobijo».

Me ató una serpiente al cuello
y me trató con la dureza de los inviernos del sur.
Deseaba la crudeza de su desprecio,
como quien busca el calor en la helada bruma
que precede al alba.

Descendemos,
el mundo se torna más oscuro a cada paso.
La luz se ahoga en el abismo que nos traga,
escalón tras escalón, hacia la nada.
Escucho a lo lejos
el canto desafinado de las sirenas de medianoche,
su melodía me seduce hacia las entrañas de la cueva.

Sentí cómo el cielo, fuera, comenzaba a cerrarse
y, en lo más profundo de mi ser, vuelve el vendaval.

Pensamientos salvajes como tempestades azotan
mi alma desnuda que la primavera aguarda.

¿Desde cuándo me desplumaste las ilusiones,
reduciéndome a una babosa hundida en el fango?
No tengo a donde ir, sin casa, sin luz,
en esta tumba a cielo abierto donde el viento gime,
mi libertad se escapa entre mis dedos
como el agua que se filtra, inasible,
entre los sueños muertos.

El odio nubla mi mente,
mientras enjambres de abejas furiosas
vuelan alrededor de esta calavera.
Cientos de aguijones perforan mi carne,
nadan en mi torrente, un dulce veneno que embriaga
y me desguaza desde dentro.

Hemos tocado el suelo más profundo de la gruta.
Los ecos de las sirenas bailan en mis ojos vacíos,
reflejando sonrisas falsas, en rostros hundidos y fríos,
bajo luces que ya no nos alcanzan.

Nadan en un río caliente, ardiente,
anclado en el vientre de la cueva,
con un aroma intenso, cargado de azufre,
cubiertos por una gasa de blanco espeso.

Mi anfitriona, al verme temblar, me alerta,
se esfuerza por prevenir mi caída junto a ellas.

Me extiende cuerdas para atarme y domar mis impulsos,
ya que debemos atravesar un puente,
para seguir nuestro camino al otro lado del río.

Al pisar la madera con mi bota, gime.
Ellas, con sus miradas clavadas en mí, aguardan,
y sosteniendo el peso de Adán, me deshago de él,
agarro las cuerdas y me lanzo sin pensarlo
al cálido torrente de agua junto a todas ellas.

Me rindo a sus cantos y caricias,
arroyo abajo, empezando a disfrutar entre roca y roca,
las voy atando una tras otra y apuñalando,
liberando mi salado veneno hasta inundar sus aguas.

Tras pisar todas las uvas del río,
me sumerjo en el caudal teñido de vino tinto,
y mientras las paredes se estiran estrechas,
penetro a través de una grieta.

Lo que otrora fueran cantos de sirenas,
se convierten en gemidos de lunas cautivas.
Todas ellas, aprisionadas en la gruta,
incapaces de elevarse hacia el firmamento.

Sus caras, maquilladas de rojo, amarillo o negro,
bailan, deambulan o me observan en soledad.
Cada una desea llevarme al cielo
y aguardan, expectantes, mi elección entre ellas.

Mis ojos, de insomnio, pero despiertos,
descansan en la más antigua de las lunas,
presa en una gran manzana de cristal,
sueña con el momento de su liberación.

Me aproximo a ella y el perfume que desprende,
evocador del río por el cual he navegado,
me embriaga y enciende en mí una pasión tal,
que comienzo a pensar cómo infiltrarme en esa pecera.

Trepo hasta lo más alto de la manzana
y reviento el vástago, con delirio,
hambriento de fruta. Me dejo caer con ella
y el tambor comienza a vomitar a un ritmo desquiciado.

Pero algo cambió desde que permeé su interior.
Su olor, antes delicado, ahora me asfixia y repele
y ella comienza a menguar,
blanqueando de forma alarmante
después de haber sido artificialmente roja.

Desde la lejanía,
a través de un diminuto orificio en la cúspide de la cueva,
unos haces de luz se colaron de un torpe rayo,
bañando el interior por breves instantes.
Contemplé lo que yacía allí
y me descubrí en completa soledad.

Ahora me siento mejor.

¿Ahora me siento mejor?

ENTRE MAITINES

Como el carbón que, al ser besado por la brisa,
se aviva y destella, así presencié cómo la oscuridad
se iluminaba al recibir mis humildes halagos,
volviéndose más espléndida a mis ojos
y ante mis oídos, más dulce y melódico,
y así, me hice amigo de mi propia soledad.

Después del estruendo de esta fiera tempestad,
solo resta el eco sordo de una tremenda resaca.
Sol, si aún te quedase brillo por derramar,
con pequeñas gotas como migas de pan,
desvela tu escondrijo para poder encontrarte.

En el silencio de la noche que se dilata,
mi voz se eleva, queja entre las rocas,
esperando que, al alba, con el primer rayo,
tu luz se desate y rompa los grilletes de esta larga espera.

Aguardando al rey celeste, perdido entre los maitines,
comenzaron a despegar del suelo piedras, alfombras,
cortinas y espejos;
incluso yo, empecé a elevarme
y, como un remolino al revés,
fuimos engullidos por la apertura en el vértice de la gruta.

Bajo las caricias del campo despierto,
las nubes de mi cabeza se despejan,
vuelvo a mi terruño de tierra,
envuelto en la frescura de la madrugada.
Y en el horizonte
intuyo el preludio de los carros de fuego,
aunque aún no sé por dónde van a salir.

El jaleo que venía de perros y gallinas me recordó a ella,
pero sus recuerdos quedaron
donde quedan las entrañas de una gamba.
Y solo necesitando lo que necesita
la pata de un cerdo para curarse,
respiré profundamente el sereno
y helado aliento del prado.

Pisoteaste demasiadas veces mi corazón,
aunque no dejaste huella.
Y ahora, con sus vestigios consumidos y enterrados,
sin el calor de un corazón, sin consuelo alguno,
me desplazo del alma a mis silencios,
en solitaria procesión.

¿Cuántas almas fusiladas han sido segadas
ya en estas tierras?
Pero allí donde el pan, humilde y sincero, se ofrezca,
limpia y próspera, al igual que el trigo que se mece y baila,
y ahí, en el seno de la tierra, late y aún vive mi esperanza.

Sigo siendo el mismo vagabundo,
el incesante trovador de la luna llena,
el perpetuo ángel caído en tus sueños,
el eterno morador de la noche,
la invariable momia de la mañana.
Me dejaré arrastrar otra vez,
a la deriva, por mi propia cabeza.

Comenzó a clarear, pasamos juntos la noche entera,
pero yo solo me acuerdo de los primeros rayos del sol.
Sol, vuelve, guíame hasta un nuevo amanecer.

Fui demasiado valiente al creer,
al pensar, soñar y afirmar que serías mía,
que unirías tu vuelo al mío, pájaro en mano.
Pero tus sueños
se alzaban por los tejados de mi consciencia,
tenías un ojo despierto en la sombra
y el otro sumergido en la espuma de los sueños.

Mi lengua volvió a su letargo eterno.
Supongo que debo ser feliz porque respiro,
siento que soy una espiga que baila con el viento,
y tú, aire, presente pero invisible.

Sin mi luna, la caricia pálida temblorosa,
me arrastro, caracol aventurero,
por mis pasiones y pesadillas,
derrumbándome mientras pienso en el parto de las olas.

¿Y qué si tu reflejo en mi mar
de memorias se desvaneciera?
Ya no navegaría por la deriva de la locura
con la fuerza de la marea alta,
el viento no te traería de vuelta a mi orilla.

En el despertar de cada día, en el trino de cada pájaro,
en la frescura de la brisa matinal,
encontraré los fragmentos de este amor roto,
que, como el sol tras la tormenta, vuelve a surgir.

Porque en cada amanecer, en cada mota de polvo,
en cada hoja que el viento mece,
persiste la certeza de un nuevo encuentro,
en este mundo o en otro, donde el sol nunca se oculte.

Los rayos del sol acarician mi rostro,
revelando ante mí un ejército de luz
avanzando con ímpetu,
trotando entre los jóvenes cirros, hacia mi encuentro.

Con su cálido abrazo, las flores despiertan de su letargo,
regalando de nuevo su colorido esplendor;
el cielo recupera su claridad
y las nubes filtran la luz, bañando mi mundo
en un resplandor suave y reconfortante.

Y el día…

El día desdobla su manto de luz y vida.

CARTAS A LAS ESTRELLAS

¿Alguna vez os habéis detenido a pensar en la inmensidad del universo y el número de estrellas que contiene? Hay quienes se han atrevido a proponer números impresionantemente grandes, estimando el número de estrellas en cifras astronómicas como 100 000, 150 000 o, incluso, 300 000 trillones. Pero, frente a esta vastedad, surge una pregunta crucial: ¿podemos realmente confiar en estas estimaciones que parecen flotar en el aire y que absorbemos sin mucho cuestionamiento?

Para comprender mejor esta cuestión, imaginemos algo más tangible: los granos de arena en una playa. Aunque la Tierra no es infinita y no se expande como el universo, los granos de arena no se multiplican por sí solos. ¿Sería posible calcular de manera exacta cuántos granos de arena hay en nuestro planeta? Teóricamente, sí. Pero, para ello, necesitaríamos reunir toda la arena del mundo en un único lugar y contar cada grano, una tarea que requeriría el esfuerzo de millones de personas. Aun así, la probabilidad de cometer errores humanos es alta, lo que nos lleva a una conclusión: solo podemos hacer una estimación aproximada. Podríamos calcular el tamaño promedio de un grano de arena y multiplicarlo por el volumen estimado de todas las playas y desiertos del mundo.

Entonces, ¿tenéis curiosidad por saber cuántos granos de arena existen en la Tierra? Haced el cálculo, es una simple multiplicación. Aunque entiendo que tal vez no tengáis ni el tiempo ni el interés en contar granos de arena o en medir playas y desiertos. Así que, permitidme ofreceros mi propia estimación: alrededor de 60 000 trillones de granos de arena.

Es verdaderamente sorprendente cómo algunos se atreven a desafiar los límites de su comprensión y se aventuran a contar estrellas. ¿Cómo podemos intentar cuantificar lo incontable, especialmente cuando el universo es vasto, infinito y, en gran parte, desconocido? Imagina, si quieres, que más allá de cada agujero negro existe una mina de estrellas, con seres de otros mundos, extrayendo luceros y arrojándolos al cosmos. Por eso no podemos contarlas, por eso brillan cada noche miles de ojos encima de nuestras cabezas. Y con tantas estrellas flotando en el espacio, ¿cómo es posible encontrar y enamorarse de una?

Ya puedo imaginarme vuestras reacciones, incluso me tacharéis de lunático. ¿Cómo te puedes enamorar de una en concreto si parecen todas iguales y hay miles de millones? La respuesta es sencilla, todas son completamente diferentes. Desde lejos, pueden parecer idénticas; pero, si te acercas, te darás cuenta de que no hay dos iguales.

Os revelaré un secreto que jamás he contado: vengo de otro planeta, de una civilización mucho más antigua que la vuestra. Desde mi llegada a la Tierra, he intentado integrarme en vuestro mundo: he adoptado vuestra apariencia, he experimentado el amor y el engaño, he mentido, he robado y hasta he matado. A pesar de estos esfuerzos, me sigo sintiendo como un extraño, solitario en esta pequeña pelota azul.

Pero más allá de estos pensamientos, he tenido el privilegio de conocer algunas de las estrellas más fascinantes de todo el universo. Permitidme compartir con vosotros cómo llegué a conocerlas y cómo, a través de este viaje, dejé mi vida escrita en una serie cartas:

NOITE MEIGA

A Aguile

En el antiguo susurro de la penumbra nace,
donde la leyenda de la bruja del bosque,
como un cuervo, despliega su encaje.
Dos almas, jóvenes y revestidas de una luz insegura,
caminan por senderos de sombras, en busca de la locura.

El silencio cubría la espesura, como el velo de una viuda,
entre los lúgubres robles, temerosos avanzaban,
él guardaba silencio, mientras ella por los dos hablaba,
en un sendero oculto, donde la oscuridad se arrullaba.

La luz maldita de la bruja,
su luz que al final del camino brillaba,
pasos titubeantes, como un eco que en la noche resonaba,
perdidos en el bosque oscuro,
donde el destino cruelmente los atrapaba,
sus almas infantiles, en la noche nueva se desvelaban.

En la soledad del monte, la bruja,
con ojos de cuervo, aguardaba

rodeada de espectros en pena,
su legión de condenados sin alma.
A medianoche, cuando el reloj da su lamento final,
el té negro como la noche esperaba un ritual ancestral.

Siguiendo la débil luz de su antorcha encantada,
bajo el cielo de la medianoche, en el altar de la luna ebria,
la procesión de sombras marchaba en una sinfonía tétrica.
A su choza, con una escoba saliente, maleficios se cuecen,
y las almas atrapadas en su embrujo
en un coro de lamentos se mecen.

Los dos jóvenes vislumbrados por las luces temblorosas,
corrieron tras la procesión de almas desconsoladas.
La bruja, con ojos de ajolote, sintió su presencia,
pero con indiferencia les guio
hacia su morada de decadencia.

Sus paredes, retorcidas, de madera vieja y fría,
contaban historias de almas perdidas en agonía.
Ventanas como ojos muertos que miran sin ver,
testigos silenciosos de lo que allí puede suceder.

Y en el corazón más profundo de este lugar olvidado,
se oculta una cámara secreta por el tiempo desgastado.
Allí, un caldero antiguo, sobre fuego tenue y sutil,
comienza a hervir lentamente un brebaje oscuro y vil.

Burbujas brotan en la superficie,
como sueños en la madrugada,

los vapores se elevan en espirales de silencio,
hilando en la penumbra, un velo de incienso.
El aroma de hierbas, en el caldero cocidas,
se entrelaza con secretos en las sombras escondidas.

En esta cámara secreta, entre libros olvidados,
mezclaba flor de hombre, con maltum despreciado,
polvos cerevisiae y algas clarificantes en su caldero sagrado.

En cada recoveco, en cada penumbra escondida,
se agazapa un ratón, en su silenciosa vigilia.
Espera dar el gran golpe, en un juego de astucia y azar,
temiendo que el gato negro, en un instante,
lo pueda atrapar.

Sin vacilar, sin un momento desperdiciado,
nos ha ofrecido beber de su brebaje recién creado.
Y tanto ella como yo, bajo su efecto transformado,
nos hallamos en un trance, con nuestros sentidos alterados.

Y allí, en ese juego de cazador y presa,
permanecemos cautivos de la bruja en su reino de tristeza.
Sin poder huir, en la red de su hechizo atrapados,
somos peones en su tablero, por sus manos manipulados.

¿Qué extraña poción en mis labios ha quedado,
que este vértigo siento y en sombras
mi razón se ha ahogado?

Nunca, ante mujer alguna,
tal emoción en mi pecho había hallado,
pero al mirarla, un escalofrío desconocido
y profundo me había tocado.

La bruja, con su sonrisa macabra,
la luna en sus ojos encerraba.
Sentí que mi cuerpo, cual hoja al viento,
sin voluntad se deslizaba.
Hacia mi estrella guía,
como si un oscuro hilo nos enlazara,
y bajo el peso de ese encanto,
mis labios con sus labios se rozaban.

¿Acaso lo que tu boca pronuncia es verdadero
o son solo ecos de las tinieblas que te rodean,
como un soplo ligero?
¿Por qué vacilas en este camino sombrío
donde, por amarte, me hundo entero?
Nunca he conocido un amor que, desafiando al cielo,
atraviesa tormentas y vuelve sin cambio, puro y sincero.

Arranco tu venda que esconde
los misterios del sufrimiento,
del lago donde lirios cantan
con voz de sirenas sus lamentos,
de sapos malditos que bajo la velada de la noche
escupen cantos funestos.

La bruja del bosque, con su marcha tenebrosa,
con un suspiro gélido, nos convoca a su lado
en la noche silente, ante su presencia poderosa.

La bruja me mira y en su mirada
encuentro mil universos,
cada uno lleno de estrellas
que centellean en la noche de sus ojos.
Sus pupilas, como agujeros negros,
absorben cada temor,
y en su brillo, como nebulosas,
se esconden el amor y el dolor.

Te miro ahora a ti, mi delicia y mi tormento,
y veo que eres un universo aún por descubrir.
¿Serás la luz que ilumine la oscuridad en la que reino,
o la sombra que mi luz quiera extinguir?

En la catedral de las luciérnagas,
bajo la sombra de la bruja del bosque nos perdemos,
con pasos malditos avanzamos hacia abismos
donde los cuervos nos acechan, sombríos y fieros.
¿Es acaso este sendero una vía
hacia la liberación tan deseada
o la ruta marcada a nuestra eterna perdición condenada?
Poco importa ya, en este destino de oscuridad y frío,
pues cada susurro de la bruja
sella un pacto en el silencio sombrío.

Tinieblas y desdicha, amor envenenado y agonía pura,
ambos juguetes en manos de la bruja oscura.
¿Seré yo la fuerza que te impulse hacia la luz brillante
o el vértigo que te sumerja en las profundidades
del caos más delirante?

La bruja entona un hechizo,
una canción de destrucción y placer.
Miro al cielo, donde las estrellas parecen desaparecer,
y mientras estos delirios oscuros vuelan en mi mente,
en mi rostro se dibuja una sonrisa demente,
sabiendo que la marcha de la bruja no tiene fin.

Pero incluso al final de la noche,
ese ser deja amor en su estela,
yo comando con dualidad,
soy oscuridad y soy la bruja, sin cautela.
Tengo la autoridad para inscribir en tu destino, sin demora,
la marcha ineludible de mi ser oscuro, que ahora aflora.

Es tiempo de partir, se acerca el final del día,
pero cada despedida consume una flor oculta.
Súmate a la procesión nocturna, en la senda umbría,
despierta los corazones helados,
sepultados en la nieve por terror,
pero nunca olvides:
en cada final, en cada partida,
queda el eco eterno de un poco de mi amor.

LONDRES

A Coda

Me aterra el implacable latir del Big Ben,
como sonido que marca el ritmo de un tiempo que se va,
y el Támesis, caudaloso y mudo,
que arrastra historias perdidas como la mía,
que en su fluir constante, se desvanecen.

Lo que pienso del río lo pienso de mí mismo,
es un reflejo oscuro de aguas que en su curso me desvelan.
Lo que veo en la urbe, en sus calles, en sus plazas,
es el espejo en el que mi ser, vagabundo, se contempla.

Me fascino ante el misterio del ser y me angustio
ante la incertidumbre de un futuro inasible.
Me canso de luchar contra corrientes invisibles
y me inquieto al sentirme perdido, sin rumbo fijo.

Me desespero ante la inmensidad de la vida,
me asfixio en la urdimbre del amor siempre complejo,
pero, a pesar de la tormenta, de la duda, del temor,
no ceso en mi empeño, en mi necesidad, de pensar en ti.

Las estaciones pasan y me agotan,
con su eterno traqueteo de trenes en fuga,
los adioses que en los andenes se esfuman
y los reencuentros que solo existen en nuestra imaginación.

Merodeo por mercados y museos, en mi andar solitario,
y mis pensamientos vagan en cada rostro apurado.
Nos tumbamos en parques tan cuidados,
observando cómo crece
la hierba artificial de nuestro tiempo.

Cada edificio y cada calle están preñados de historias.
Librerías y pubs guardan ecos de antiguas glorias.
Respiro esa magia y me envuelvo en su regazo,
siento su pulso, su estilo, en mis jornadas.

Londres no es una ciudad, es mi sentir profundo,
no es solo aroma que el viento arrastra,
es esencia sin olor, vibración del mundo,
mi musa eterna que, con su pecho, mi alma alimenta.

Me seducen los olores matinales del café,
la lluvia fresca que cae sobre el asfalto gris,
los ocres atardeceres en los parques,
y ese intercambio de miradas, fugaces, en el metro al partir.

Me gusta ver el baile de luces y sombras
cuando el viento, travieso,
a través de los árboles del Hyde Park juega.

Amo sentir esa soledad que, entre el bullicio,
me cobija en sus calles, en sus restaurantes, en sus cimas.

Vivo bajo la luna que el Shard corta,
y despierto con el sol que el niño dorado señala.
Es en estos momentos, en estos precoces minutos,
donde capto la esencia de la vida pura sin armadura.

Hago el ritual del té en la soledad de mi cuarto
y me pregunto si algún día
compartirás este instante conmigo.
Las gotas caen, como mis pensamientos, dispersas,
añorando el sabor amargo que tendría si fueras su amante.

¿Pensaste acaso que bastarían las calles
y las piedras frías para mí?
¿Creíste que mi ambición no buscaría
más allá del horizonte?
Quédate conmigo,
vive a mi vera bajo esta lluvia que no cesa,
que cae como una cortina gris perpetua,
y te regalaré todos los versos que nacieron muertos.

Así tendrás el espíritu de Londres y el mío bajo tu ala,
y dejarás de tener sed de beber de otras aguas,
no mirarás más a través de las miradas
vacías de los que ya se fueron
ni te alimentarás de los cotilleos acabados de los cuadros.

Oirás con tu propio ser,
y sentirás cómo esta metrópoli se infiltra en tu sangre,
se enreda en tus huesos y te moldea.

No hay juventud más viva
que la que el Támesis ahoga con sus brazos de agua
ni ancianidad más sabia
que la que las horas del Big Ben cuentan al pasar,
y en este infierno de luces
sé que no hay ni torre ni edificio más alto
que el que juntos somos capaces de escalar.

Y ahí, entre los murmullos y las farolas, me hallé
con el alma abierta, el corazón desnudo,
el cuerpo abandonado,
y cuando ella se fue, dejando atrás el amanecer y el té,
solo quedaron sus recuerdos dentro de mi cabeza.

Pero en cada rincón,
en cada piedra mojada por la lluvia,
quedará un poema mío, una foto suya,
una memoria de lo que fue,
porque en esta capital de historias,
donde el tiempo no luce ni empuja,
somos dos gotas de agua, perdidos en la marea,
esperando otra vez caer.

Perdona a los campos que quedaron yermos,
porque mi tormenta no supo llover justo.

Perdona los cielos que quedaron sin estrellas,
mientras yo robaba cada una para escribir tu nombre.

Si hoy lograse encontrar la felicidad
entre los cuervos que protegen la Torre de Londres,
donde mi corazón se encuentra aprisionado
en la jaula de mi pecho,
entonces, yo, volvería a ver brillar la luz del sol.

Sé que hay sombras que viven en las paredes,
reflejos de mis pensamientos más oscuros.
El mañana se erguirá, juez implacable,
ponderando el peso de mis silencios.

Pero hoy me levanto y respiro el aire fresco del amanecer,
porque incluso en este bosque de piedra
hay esperanzas que florecen como rosas en las grietas.

Y así como el Támesis sigue su curso,
como la rueda del London Eye da otra vuelta,
mi alma también sigue fluyendo, sigue buscándote.

Por ahora, me abrazo con la soledad
a la espera de ese día,
cuando la lluvia que moja estas calles,
también bañe nuestros rostros juntos,
en un beso eterno bajo el cielo británico.

Y recuerda, atentamente, nunca más tuyo.

MORENO

A Orionira

«¡Alto a la gallina de cristal!»,
mi voz interior rompe la taza de café.
La soledad es una multitud y el mar, un desierto de agua.
¡Qué día más luminoso para comerse las preguntas!

En el universo infinito, ¿cuánto tiempo llevas?
¿Me hablas de la prehistoria, del titán que caminaba
sobre la tierra, de ese dinosaurio que,
en sus pasos, dejó huella?

«¡Crisálidas vetadas!», grita mi alma
y me sumerjo en los remolinos de una mente
que no entiende de mapas.
Caos y papel de lija danzan en espirales,
¿quién inventó la brújula?

Vuelo hacia atrás en el tiempo
mientras respiro el futuro.
Los miedos que nunca tuve
me susurran en lenguaje de hormiga.

El optimismo se evapora en la oscuridad del ayer.
¿Qué era ayer?

Perfumes de un sueño que jamás soñé,
seguidos de amargura y olas de queso.
Desde el cero del infinito,
renazco en jalea de petróleo.

Cadenas de libertad, escupitajos en el suelo,
amaneceres de sal y noches de azúcar,
todo se mezcla en mi crisol.
«Del todo a la nada», me canta un alba de medianoche,
mientras camino por senderos de suspiros congelados
y mis pensamientos brotan como flores invertidas.

Los paraguas cantan,
la lluvia se evapora en risas de gato,
¡montañas flotantes!, ¿o quizás son nubes en zapatos?
Los relojes corren y las horas vuelan
en un tictac como las alas de una mariposa.

Cinco sentidos se convierten en siete,
oigo colores y degusto la paz.
Soy un hidalgo sin molinos.
¿Qué son esos dragones vestidos de abejas?

Mis pensamientos viven en una sopa,
las palabras son fideos que flotan en mi taza,
flotan en un caldo de risas y lluvias de verano,

con especias que son recuerdos de un futuro imaginario.

Hoy, el infinito me mira desde el fondo
de un pozo cuadrado,
mis pensamientos saltan de un agujero negro
a un arcoíris clonado,
caigo hacia arriba en un cielo de barro,
atrapado en libertad.
Los sentidos no tienen sentido,
y el sentido se ha vuelto, con el tiempo,
en una locura pura.

Círculos cuadrados y cuadrados redondos,
¿dónde están mis dientes?
«La línea recta es una curva desesperada»,
maúlla un gato en el tejado.
Los peces vuelan, los pájaros nadan
y los toros relinchan en su fuga.

Almohadas de roca me acunan
en un sueño despierto de sombras.
El ruido del silencio es ensordecedor,
como un clamor que asombra.
«¡Despierta! ¡Estás soñando!», me ruge una pesadilla lúcida,
mientras la luna y el sol juegan al ajedrez en mi retina.

Por fin me encuentro,
pero ¿quién es ese que me mira desde el espejo?
«Ayer es mañana»,

me susurra un calendario clavado en la pared.
Y en cada amanecer
encuentro nuevas formas de estar perdido.

LA CANCIÓN DE LA ROSA BLANCA

A Neyfona

Ajusta bien tu corona, rosa blanca, y desafía la tormenta,
mientras el sol besa la madrugada,
mientras tus pasos dejan huellas en la arena dorada,
rompe las cadenas de la duda,
déjame ser el viento que acaricie tus pétalos,
aquella brisa que disperse las sombras.

Sé valiente, oh, flor preciosa, y lucha contra la corriente
mientras las estrellas adornan el cielo nocturno,
mientras tus sueños naufraguen
en busca de un terrón de esperanza.
Desmantela las murallas del miedo,
déjame ser la lluvia que llore sobre tus raíces,
aquella agua que alimenta tu resistencia.

Enfrenta el frío invierno, rosa cándida, y reta al hielo
mientras la luna guarda tus secretos,
mientras tu esencia destila dulzura en el rocío mañanero.
Despide la bruma de la tristeza,
déjame ser el sol que caliente tus días,
aquellos rayos que disipen tu dolor.

Erguida ante la adversidad, persiste, rosa albina,
mientras el viento susurra tus canciones,
mientras tus gritos resuenan en tu propia celda.
Rechaza las nubes tormentosas de recuerdos,
déjame ser la tierra firme bajo tu flor,
aquel cálido abrazo que te sostenga.

Ajusta bien tu corona, rosa blanca, y celebra la vida,
mientras el universo te contempla en asombro,
mientras tu belleza en el jardín nunca se desvanezca.
Rompe las cadenas, reta a la tormenta
y, cuando el viento acaricie tus pétalos,
déjame estar allí,
para verte florecer en la luz de un nuevo día.

BESO DE SAPO

A Cassianova

Al despuntar el día, en el primer soplo del alba,
despertó el sapo.
Incapaz de dormir, en su mente alzaba una tempestad
de musgos, lluvia, truenos y relámpagos.

Tan solo como la luna en su clara soledad, ardiente
como el sol del mediodía, perdía sus horas en la charca,
sin más destino que su estancada existencia.
Saltaba, sombra solitaria entre juncos y nenúfares,
sin calor, sin consuelo, sumergido en fango y desidia.

Mas al caer la tarde, sin más que mierda en las tripas,
una mosca ligera y lista capturó su atención.
Él, con su piel terrosa y mirada profunda,
ella, fulgor pasajero, luz de la mañana.

Por azares o designios del destino,
en ese fugaz encuentro se desgranó la granada.
El corazón del sapo, yermo y marchito,
volvía de nuevo a saltar.

En aquel rincón donde la tierra se funde en un beso
con el ronco cielo,
allí, bajo la custodia del crepúsculo,
se entregaron al amor.
Él, devorado por la pasión,
ansiaba la dulzura de un beso,
como la tierra reseca suspira por la lluvia
tras un verano cruel.

Y en el lubricán,
cuando el día se desangra en la noche,
el batracio, aprisionado por un amor despiadado,
comprendió que, con aquel primer beso,
todo se había acabado.

Ella desapareció en el horizonte,
dejando un vacío y un eco
en el corazón del sapo,
que lamentó su acto en silencio.

Por la noche, en su catre de insomnio,
soñaba que volaba hacia la Luna con ella,
mientras las luciérnagas, como estrellas cercanas,
susurraban:

«No te derrumbes, no te rindas,
vendrán tiempos mejores, confía,
serás rey, tendrás el mundo a tus pies,
aunque ahora no entiendas tu dolor
ni lo que te desgarra».

¿LA ÚLTIMA ESTRELLA?

Al declinar mi día,
cuando el veloz cielo abortaba la madrugada,
te elevaste, luciente, bordando soles en tu melena.

Resplandecías, ardiendo, en la nada extendida,
una estrella solitaria,
un destello enigmático entre la muchedumbre celeste.
La sombra del mañana me seguía,
mientras mi cabeza aguardaba tu luz en el horizonte,
acercándose lentamente.

Con dulzura y pavor, decidiste derramar tu luz sobre mí,
pero tu brillo era tan frío,
como el mar en el que todavía yacías,
hundida.

Nos encontramos, cegados por el mismo faro:
yo, surcando los cielos en mil cohetes,
deseando tocar tu cielo,
y tú simplemente querías flotar en la inmensidad.

No te preocupaba el cambio de la alborada a la penumbra,
yo, sin embargo, ansioso por la muerte del día para verte,
me acercaba despacio, calculando mis pasos,
arrastrado por el aroma que desprendías
y que el viento me regalaba.

Tus noches más frías y oscuras
se diluyeron en el calor de mi abrazo,
mi sangre, ardiente como la brasa
y traída de rincones lejanos,
empezó a caldear tu cuerpo de destellos y alabastro.

Hasta que finalmente, conseguí llegar hasta ti,
después de tantos impedimentos.
Miro hacia el abismo y siento el vértigo devorarme,
impidiéndome ver el suelo.
Tú te sientes llena conmigo y yo, contigo, menguante,
pero cuanto más te descubro,
más comienzo a ver las costuras del corazón.

Confieso que, a veces, sueño con arrancar mi piel,
descender un peldaño, volver a ser animal
y entregarme al placer,
libre del peso de la razón y costumbres.

Durante esos momentos de libertad,
perdido en el retiro voluntario del campo,
bajo un cielo nimbado, aunque sereno,
me sorprendo envuelto

en el canto seductor de las flores silvestres
o enfrentando el dolor agudo
de espinas ocultas entre la hierba.

En la noche, cuando mi yema se escapa del cascarón,
mi corazón de pan, incomprendido, se desmigaja,
deseando deshuesar el suave pollo contigo,
y con los primeros rayos del sol, cuando tu despiertas,
volverás al salón y solo quedarán las migajas, tiernas.

Así, mi mente encuentra un refugio entre tus entrañas,
fatigado por el paso del tiempo y las jornadas,
anhelando una fanega de olivos
que polinice nuestras cabezas
frente a mi voz, hambrienta por amarte.

Pero ahora me encuentro prisionero
en tu calabozo de caricias y negligencias,
esperando a que me liberes o me condenes
a cadena perpetua.
Mientras yo, acostado en mi lecho, miro por la ventana
el océano estrellado que brilla en el firmamen...

LA REALIDAD

ser
camina
carga
perezco
vorágine
armadura
el a
sentido
en mis
la
se
esta
ni que

flor
en un
del
amor se
ilumina
mudo no
de
tiempo
brisa
cada en
duelo
agua
mi en
he silencio sin
ni cruda mi en la
larva mis sombra
acostumbrada de
vacío serena ser
tarde ni son sin
mariposa mis vago
una desiertos rocas
anhelo te me
lágrimas mundo sin
camino en vuelo
una mi alimentar a
esquivar fondo un
calma hallan
en una me pero
corazón este   gira
tristes cuerpo
sonríe de   cada
con apenas en   pura
resigno campos
subterráneo
acostumbrado   ni
ser férreas
sueños pos entre
consume por
para suficientes
sosiego optimista
veces alma
y oculto lentitud
un qué llevan
repite querer
de lucha invisible
siembra profundo
libertad dulce
alegría espera
mientras sentido
del bajo detiene
por en efímero que
realidad un mundo
una ilusiones senderos
camino mientras
completo manto viaje
tornarás propia
me donde mundo el
oscuros guíen
perdiendo sereno hacer en
soledad que costumbres
porque abrazo
deseo sueño
en el gozo
tiene en
mi de el
alma que
en de
de mi
al más
que ser
me y en
en sin
yo llevan
esta sonrisa
saber el en
vida o a
flores
otros

suficiente
tricóptero
ni soi pájaro
consume
espero rumbo
quizás besos
en mi

que

mi ya serena abierto
el

llevo interior me

ir   me solo busco

alma   que de la

suspiros que yo

fatigado piedras

esperen como

marea   brisa

denso   no

amor   el o
ya en
ni   amis
mi un
sin   pasos
una   soy
un
cada
roba
nos
huir
calma
y de
mar